Herausgeber:
Thomas Meyer

Herstellung und Verlag:
BoD - Books on Demand
In de Tarpen 42
22848 Norderstedt

ISBN 9783734741692

WOD Diary

Dein Workout Tagebuch

Dein Workout Tagebuch

Name:

Alter:

Aktuelles Gewicht:

Wunschgewicht:

Deine Motivation:

Deine Belohnung, wenn alle Ziele erreicht sind:

Du kannst Entschuldigungen haben oder Ergebnisse, nicht Beides!

Kleines WORKOUT - ABC

AFAP – so schnell wie möglich
AMRAP - so viele Wiederholungen oder Runden wie möglich
BB - Barbell - Langhantel
BJ - Box Jump
BW /BWT - Bodyweight
C2B - Chest-to-Bar - Klimmzüge zur Brust
C & J - Clean and Jerk - Stossen
DL - Deadlift
DU - Double Under
EMOM (every minute on the minute)
FT - for Time
GHD - Glute Ham Developer
HSPU - Handstand Pushup
KB - Kettlebell - Kugelhantel
KBS - Kettlebell Swings
K2E - Knees-to-Ellbows
MU - Muscle Up
OHS - Overhead Squat
OTM - On The Minute
PJ - Push-Jerk
PP - Push-Press
PR - Personal record
PU - Push Up
PWO - Post-Workout
Rep - Wiederholung
RM - Repetition maximum
ROM - Range of Motion
RX - vorgeschrieben - fix
Set - Anzahl von Wiederholungen
SDHP - Sumo Deadlift High-pull
T2B - Toes-to-Bar
WBS - Wall Ball Shot
WOD - Workout des Tages

Fundamentals

air squat - tiefe Kniebeuge ohne Gewicht

front squat - tiefe Kniebeuge mit der Lang- oder Kurzhantel

overhead squat - tiefe Kniebeuge mit über dem Kopf gestreckter Langhantel

---

shoulder press - Schulterdrücken mit der Langhantel

push press - Schulterdrücken mit der Langhantel mit Schwung

push jerk – Ausstoßen

---

deadlift - Kreuzheben

sumo deadlift high pull - Kreuzheben mit weitem Stand und engem Griff zum Kinn

medicine ball clean – Umsetzen mit dem Medizinball

Deine persönlichen Ziele

Stärke	Ziel	PR
1 RM Deadlift		
1 RM Front Squat		
1 RM Back Squat		
1 RM Thruster		
1 RM Clean		
1 RM Clean & Jerk		
1 RM Push Press		
1 RM Snatch		
1 RM Overhead Squat		
1 RM Bench Press		

Deine persönlichen Ziele

Ausdauer	Ziel	PR
400 m Laufen		
1000 m Laufen		
500 m Rudern		
2000 m Rudern		
eigene Ziele:		
1.		
2.		
3.		
4.		

Deine persönlichen Ziele

Leistung	maximale Anzahl Wiederholungen
Pull Up	
Ring Dip	
Muscle Up	
Push Up	
Double Under	
Handstand Push Up	

WOD Tagebuch / MUSTER

Datum: 01.05.2015

Kraft	Gewicht	Zeit	Bemerkung
Dead lift 5x80, 4x90, 3x100 2x110, 1x115			Weiter steigern
WOD			
5 Pull-ups, 10 Push-ups, 15 Squats, emom 30 min			Scaled Pull Ups
Leistung			
Ring Dips trainiert			On boxes

Datum: _____

Kraft	Gewicht	Zeit	Bemerkung
WOD			
Leistung			

Datum: _____

Kraft	Gewicht	Zeit	Bemerkung
WOD			
Leistung			

Datum: _____

Kraft	Gewicht	Zeit	Bemerkung
WOD			
Leistung			

Datum: _____

Kraft	Gewicht	Zeit	Bemerkung
WOD			
Leistung			

Datum: _____

Kraft	Gewicht	Zeit	Bemerkung
WOD			
Leistung			

Datum: _____

Kraft	Gewicht	Zeit	Bemerkung
WOD			
Leistung			

Datum: _____

Kraft	Gewicht	Zeit	Bemerkung
WOD			
Leistung			

Datum: _____

Kraft	Gewicht	Zeit	Bemerkung
WOD			
Leistung			

Datum: _____

Kraft	Gewicht	Zeit	Bemerkung
WOD			
Leistung			

Datum: _____

Kraft	Gewicht	Zeit	Bemerkung
WOD			
Leistung			

Datum: _____

Kraft	Gewicht	Zeit	Bemerkung
WOD			
Leistung			

Datum: _____

Kraft	Gewicht	Zeit	Bemerkung
WOD			
Leistung			

Datum: _____

Kraft	Gewicht	Zeit	Bemerkung
WOD			
Leistung			

Datum: _____

Kraft	Gewicht	Zeit	Bemerkung
WOD			
Leistung			

Datum: _____

Kraft	Gewicht	Zeit	Bemerkung
WOD			
Leistung			

Datum: _____

Kraft	Gewicht	Zeit	Bemerkung
WOD			
Leistung			

Datum: _____

Kraft	Gewicht	Zeit	Bemerkung
WOD			
Leistung			

Datum: _____

Kraft	Gewicht	Zeit	Bemerkung
WOD			
Leistung			

Datum: _____

Kraft	Gewicht	Zeit	Bemerkung
WOD			
Leistung			

Datum: _____

Kraft	Gewicht	Zeit	Bemerkung
WOD			
Leistung			

Datum: _____

Kraft	Gewicht	Zeit	Bemerkung
WOD			
Leistung			

Datum: _____

Kraft	Gewicht	Zeit	Bemerkung
WOD			
Leistung			

Datum: _____

Kraft	Gewicht	Zeit	Bemerkung
WOD			
Leistung			

Datum: _____

Kraft	Gewicht	Zeit	Bemerkung
WOD			
Leistung			

Datum: _____

Kraft	Gewicht	Zeit	Bemerkung
WOD			
Leistung			

Datum: _____

Kraft	Gewicht	Zeit	Bemerkung
WOD			
Leistung			

Datum: _____

Kraft	Gewicht	Zeit	Bemerkung
WOD			
Leistung			

Datum: _____

Kraft	Gewicht	Zeit	Bemerkung
WOD			
Leistung			

Datum: _____

Kraft	Gewicht	Zeit	Bemerkung
WOD			
Leistung			

Datum: _____

Kraft	Gewicht	Zeit	Bemerkung
WOD			
Leistung			

Datum: _____

Kraft	Gewicht	Zeit	Bemerkung
WOD			
Leistung			

Datum: _____

Kraft	Gewicht	Zeit	Bemerkung
WOD			
Leistung			

Datum: _____

Kraft	Gewicht	Zeit	Bemerkung
WOD			
Leistung			

Datum: _____

Kraft	Gewicht	Zeit	Bemerkung
WOD			
Leistung			

Datum: _____

Kraft	Gewicht	Zeit	Bemerkung
WOD			
Leistung			

Datum: _____

Kraft	Gewicht	Zeit	Bemerkung
WOD			
Leistung			

Datum: _____

Kraft	Gewicht	Zeit	Bemerkung
WOD			
Leistung			

Datum: _____

Kraft	Gewicht	Zeit	Bemerkung
WOD			
Leistung			

Datum: _____

Kraft	Gewicht	Zeit	Bemerkung
WOD			
Leistung			

Datum: _____

Kraft	Gewicht	Zeit	Bemerkung
WOD			
Leistung			

Datum: _____

Kraft	Gewicht	Zeit	Bemerkung
WOD			
Leistung			

Datum: _____

Kraft	Gewicht	Zeit	Bemerkung
WOD			
Leistung			

Datum: _____

Kraft	Gewicht	Zeit	Bemerkung
WOD			
Leistung			

Datum: _____

Kraft	Gewicht	Zeit	Bemerkung
WOD			
Leistung			

Datum: _____

Kraft	Gewicht	Zeit	Bemerkung
WOD			
Leistung			

Datum: _____

Kraft	Gewicht	Zeit	Bemerkung
WOD			
Leistung			

Datum: _____

Kraft	Gewicht	Zeit	Bemerkung
WOD			
Leistung			

Datum: _____

Kraft	Gewicht	Zeit	Bemerkung
WOD			
Leistung			

Datum: _____

Kraft	Gewicht	Zeit	Bemerkung
WOD			
Leistung			

Datum: _____

Kraft	Gewicht	Zeit	Bemerkung
WOD			
Leistung			

Datum: _____

Kraft	Gewicht	Zeit	Bemerkung
WOD			
Leistung			

Datum: _____

Kraft	Gewicht	Zeit	Bemerkung
WOD			
Leistung			

Datum: _____

Kraft	Gewicht	Zeit	Bemerkung
WOD			
Leistung			

Datum: _____

Kraft	Gewicht	Zeit	Bemerkung
WOD			
Leistung			

Datum: _____

Kraft	Gewicht	Zeit	Bemerkung
WOD			
Leistung			

Datum: _____

Kraft	Gewicht	Zeit	Bemerkung
WOD			
Leistung			

Datum: _____

Kraft	Gewicht	Zeit	Bemerkung
WOD			
Leistung			

Datum: _____

Kraft	Gewicht	Zeit	Bemerkung
WOD			
Leistung			

Datum: _____

Kraft	Gewicht	Zeit	Bemerkung
WOD			
Leistung			

Datum: _____

Kraft	Gewicht	Zeit	Bemerkung
WOD			
Leistung			

Datum: _____

Kraft	Gewicht	Zeit	Bemerkung
WOD			
Leistung			

Datum: _____

Kraft	Gewicht	Zeit	Bemerkung
WOD			
Leistung			

Datum: _____

Kraft	Gewicht	Zeit	Bemerkung
WOD			
Leistung			

Datum: _____

Kraft	Gewicht	Zeit	Bemerkung
WOD			
Leistung			

Datum: _____

Kraft	Gewicht	Zeit	Bemerkung
WOD			
Leistung			

Datum: _____

Kraft	Gewicht	Zeit	Bemerkung
WOD			
Leistung			

Datum: _____

Kraft	Gewicht	Zeit	Bemerkung
WOD			
Leistung			

Datum: _____

Kraft	Gewicht	Zeit	Bemerkung
WOD			
Leistung			

Datum: _____

Kraft	Gewicht	Zeit	Bemerkung
WOD			
Leistung			

Datum: _____

Kraft	Gewicht	Zeit	Bemerkung
WOD			
Leistung			

Datum: _____

Kraft	Gewicht	Zeit	Bemerkung
WOD			
Leistung			

Datum: _____

Kraft	Gewicht	Zeit	Bemerkung
WOD			
Leistung			

Datum: _____

Kraft	Gewicht	Zeit	Bemerkung
WOD			
Leistung			

Datum: _____

Kraft	Gewicht	Zeit	Bemerkung
WOD			
Leistung			

Datum: _____

Kraft	Gewicht	Zeit	Bemerkung
WOD			
Leistung			

Datum: _____

Kraft	Gewicht	Zeit	Bemerkung
WOD			
Leistung			

Datum: _____

Kraft	Gewicht	Zeit	Bemerkung
WOD			
Leistung			

Datum: _____

Kraft	Gewicht	Zeit	Bemerkung
WOD			
Leistung			

Datum: _____

Kraft	Gewicht	Zeit	Bemerkung
WOD			
Leistung			

Datum: _____

Kraft	Gewicht	Zeit	Bemerkung
WOD			
Leistung			

Datum: _____

Kraft	Gewicht	Zeit	Bemerkung
WOD			
Leistung			

Datum: _____

Kraft	Gewicht	Zeit	Bemerkung
WOD			
Leistung			

Datum: _____

Kraft	Gewicht	Zeit	Bemerkung
WOD			
Leistung			

Datum: _____

Kraft	Gewicht	Zeit	Bemerkung
WOD			
Leistung			

Datum: _____

Kraft	Gewicht	Zeit	Bemerkung
WOD			
Leistung			

Datum: _____

Kraft	Gewicht	Zeit	Bemerkung
WOD			
Leistung			

Datum: _____

Kraft	Gewicht	Zeit	Bemerkung
WOD			
Leistung			

Datum: _____

Kraft	Gewicht	Zeit	Bemerkung
WOD			
Leistung			

Datum: _____

Kraft	Gewicht	Zeit	Bemerkung
WOD			
Leistung			

Datum: _____

Kraft	Gewicht	Zeit	Bemerkung
WOD			
Leistung			

Datum: _____

Kraft	Gewicht	Zeit	Bemerkung
WOD			
Leistung			

Datum: _____

Kraft	Gewicht	Zeit	Bemerkung
WOD			
Leistung			

Datum: _____

Kraft	Gewicht	Zeit	Bemerkung
WOD			
Leistung			

Datum: _____

Kraft	Gewicht	Zeit	Bemerkung
WOD			
Leistung			

Datum: _____

Kraft	Gewicht	Zeit	Bemerkung
WOD			
Leistung			

Datum: _____

Kraft	Gewicht	Zeit	Bemerkung
WOD			
Leistung			

Datum: _____

Kraft	Gewicht	Zeit	Bemerkung
WOD			
Leistung			

Datum: _____

Kraft	Gewicht	Zeit	Bemerkung
WOD			
Leistung			

Datum: _____

Kraft	Gewicht	Zeit	Bemerkung
WOD			
Leistung			

Datum: _____

Kraft	Gewicht	Zeit	Bemerkung
WOD			
Leistung			

Datum: _____

Kraft	Gewicht	Zeit	Bemerkung
WOD			
Leistung			

Datum: _____

Kraft	Gewicht	Zeit	Bemerkung
WOD			
Leistung			

Datum: _____

Kraft	Gewicht	Zeit	Bemerkung
WOD			
Leistung			

Datum: _____

Kraft	Gewicht	Zeit	Bemerkung
WOD			
Leistung			

Datum: _____

Kraft	Gewicht	Zeit	Bemerkung
WOD			
Leistung			

Datum: _____

Kraft	Gewicht	Zeit	Bemerkung
WOD			
Leistung			

Datum: _____

Kraft	Gewicht	Zeit	Bemerkung
WOD			
Leistung			

Datum: _____

Kraft	Gewicht	Zeit	Bemerkung
WOD			
Leistung			

Datum: _____

Kraft	Gewicht	Zeit	Bemerkung
WOD			
Leistung			

Datum: _____

Kraft	Gewicht	Zeit	Bemerkung
WOD			
Leistung			

Datum: _____

Kraft	Gewicht	Zeit	Bemerkung
WOD			
Leistung			

Datum: _____

Kraft	Gewicht	Zeit	Bemerkung
WOD			
Leistung			

Datum: _____

Kraft	Gewicht	Zeit	Bemerkung
WOD			
Leistung			

Datum: _____

Kraft	Gewicht	Zeit	Bemerkung
WOD			
Leistung			

Datum: _____

Kraft	Gewicht	Zeit	Bemerkung
WOD			
Leistung			

Datum: _____

Kraft	Gewicht	Zeit	Bemerkung
WOD			
Leistung			

Datum: _____

Kraft	Gewicht	Zeit	Bemerkung
WOD			
Leistung			

Datum: _____

Kraft	Gewicht	Zeit	Bemerkung
WOD			
Leistung			

Datum: _____

Kraft	Gewicht	Zeit	Bemerkung
WOD			
Leistung			

Datum: _____

Kraft	Gewicht	Zeit	Bemerkung
WOD			
Leistung			

Datum: _____

Kraft	Gewicht	Zeit	Bemerkung
WOD			
Leistung			

Datum: _____

Kraft	Gewicht	Zeit	Bemerkung
WOD			
Leistung			

Datum: _____

Kraft	Gewicht	Zeit	Bemerkung
WOD			
Leistung			

Datum: _____

Kraft	Gewicht	Zeit	Bemerkung
WOD			
Leistung			

Datum: _____

Kraft	Gewicht	Zeit	Bemerkung
WOD			
Leistung			

Datum: _____

Kraft	Gewicht	Zeit	Bemerkung
WOD			
Leistung			

Datum: _____

Kraft	Gewicht	Zeit	Bemerkung
WOD			
Leistung			

Datum: _____

Kraft	Gewicht	Zeit	Bemerkung
WOD			
Leistung			

Datum: _____

Kraft	Gewicht	Zeit	Bemerkung
WOD			
Leistung			

Datum: _____

Kraft	Gewicht	Zeit	Bemerkung
WOD			
Leistung			

Datum: _____

Kraft	Gewicht	Zeit	Bemerkung
WOD			
Leistung			

Datum: _____

Kraft	Gewicht	Zeit	Bemerkung
WOD			
Leistung			

Datum: _____

Kraft	Gewicht	Zeit	Bemerkung
WOD			
Leistung			

Datum: _____

Kraft	Gewicht	Zeit	Bemerkung
WOD			
Leistung			

Datum: _____

Kraft	Gewicht	Zeit	Bemerkung
WOD			
Leistung			

Datum: _____

Kraft	Gewicht	Zeit	Bemerkung
WOD			
Leistung			

Datum: _____

Kraft	Gewicht	Zeit	Bemerkung
WOD			
Leistung			

Datum: _____

Kraft	Gewicht	Zeit	Bemerkung
WOD			
Leistung			

Datum: _____

Kraft	Gewicht	Zeit	Bemerkung
WOD			
Leistung			

Datum: _____

Kraft	Gewicht	Zeit	Bemerkung
WOD			
Leistung			

Datum: _____

Kraft	Gewicht	Zeit	Bemerkung
WOD			
Leistung			

Datum: _____

Kraft	Gewicht	Zeit	Bemerkung
WOD			
Leistung			

Datum: _____

Kraft	Gewicht	Zeit	Bemerkung
WOD			
Leistung			

Datum: _____

Kraft	Gewicht	Zeit	Bemerkung
WOD			
Leistung			

Datum: _____

Kraft	Gewicht	Zeit	Bemerkung
WOD			
Leistung			

Datum: _____

Kraft	Gewicht	Zeit	Bemerkung
WOD			
Leistung			

Datum: _____

Kraft	Gewicht	Zeit	Bemerkung
WOD			
Leistung			

Datum: _____

Kraft	Gewicht	Zeit	Bemerkung
WOD			
Leistung			

Datum: _____

Kraft	Gewicht	Zeit	Bemerkung
WOD			
Leistung			

Datum: _____

Kraft	Gewicht	Zeit	Bemerkung
WOD			
Leistung			

Datum: _____

Kraft	Gewicht	Zeit	Bemerkung
WOD			
Leistung			

Datum: _____

Kraft	Gewicht	Zeit	Bemerkung
WOD			
Leistung			

Datum: _____

Kraft	Gewicht	Zeit	Bemerkung
WOD			
Leistung			

Datum: _____

Kraft	Gewicht	Zeit	Bemerkung
WOD			
Leistung			

Datum: _____

Kraft	Gewicht	Zeit	Bemerkung
WOD			
Leistung			

Datum: _____

Kraft	Gewicht	Zeit	Bemerkung
WOD			
Leistung			

Datum: _____

Kraft	Gewicht	Zeit	Bemerkung
WOD			
Leistung			

Datum: _____

Kraft	Gewicht	Zeit	Bemerkung
WOD			
Leistung			

Datum: _____

Kraft	Gewicht	Zeit	Bemerkung
WOD			
Leistung			

Datum: _____

Kraft	Gewicht	Zeit	Bemerkung
WOD			
Leistung			

Datum: _____

Kraft	Gewicht	Zeit	Bemerkung
WOD			
Leistung			

Datum: _____

Kraft	Gewicht	Zeit	Bemerkung
WOD			
Leistung			

Datum: _____

Kraft	Gewicht	Zeit	Bemerkung
WOD			
Leistung			

Datum: _____

Kraft	Gewicht	Zeit	Bemerkung
WOD			
Leistung			

Datum: _____

Kraft	Gewicht	Zeit	Bemerkung
WOD			
Leistung			

Datum: _____

Kraft	Gewicht	Zeit	Bemerkung
WOD			
Leistung			

Datum: _____

Kraft	Gewicht	Zeit	Bemerkung
WOD			
Leistung			

Datum: _____

Kraft	Gewicht	Zeit	Bemerkung
WOD			
Leistung			

Datum: _____

Kraft	Gewicht	Zeit	Bemerkung
WOD			
Leistung			

Datum: _____

Kraft	Gewicht	Zeit	Bemerkung
WOD			
Leistung			

Datum: _____

Kraft	Gewicht	Zeit	Bemerkung
WOD			
Leistung			

Datum: _____

Kraft	Gewicht	Zeit	Bemerkung
WOD			
Leistung			

Datum: _____

Kraft	Gewicht	Zeit	Bemerkung
WOD			
Leistung			

Datum: _____

Kraft	Gewicht	Zeit	Bemerkung
WOD			
Leistung			

Datum: _____

Kraft	Gewicht	Zeit	Bemerkung
WOD			
Leistung			

Datum: _____

Kraft	Gewicht	Zeit	Bemerkung
WOD			
Leistung			

Datum: _____

Kraft	Gewicht	Zeit	Bemerkung
WOD			
Leistung			

Datum: _____

Kraft	Gewicht	Zeit	Bemerkung
WOD			
Leistung			

Datum: _____

Kraft	Gewicht	Zeit	Bemerkung
WOD			
Leistung			

Datum: _____

Kraft	Gewicht	Zeit	Bemerkung
WOD			
Leistung			

Datum: _____

Kraft	Gewicht	Zeit	Bemerkung
WOD			
Leistung			

Datum: _____

Kraft	Gewicht	Zeit	Bemerkung
WOD			
Leistung			

Datum: _____

Kraft	Gewicht	Zeit	Bemerkung
WOD			
Leistung			

Datum: _____

Kraft	Gewicht	Zeit	Bemerkung
WOD			
Leistung			

Datum: _____

Kraft	Gewicht	Zeit	Bemerkung
WOD			
Leistung			

Datum: _____

Kraft	Gewicht	Zeit	Bemerkung
WOD			
Leistung			

Datum: _____

Kraft	Gewicht	Zeit	Bemerkung
WOD			
Leistung			

Datum: _____

Kraft	Gewicht	Zeit	Bemerkung
WOD			
Leistung			

Datum: _____

Kraft	Gewicht	Zeit	Bemerkung
WOD			
Leistung			

Datum: _____

Kraft	Gewicht	Zeit	Bemerkung
WOD			
Leistung			

Datum: _____

Kraft	Gewicht	Zeit	Bemerkung
WOD			
Leistung			

Datum: _____

Kraft	Gewicht	Zeit	Bemerkung
WOD			
Leistung			

Datum: _____

Kraft	Gewicht	Zeit	Bemerkung
WOD			
Leistung			

Datum: _____

Kraft	Gewicht	Zeit	Bemerkung
WOD			
Leistung			

Datum: _____

Kraft	Gewicht	Zeit	Bemerkung
WOD			
Leistung			

Datum: _____

Kraft	Gewicht	Zeit	Bemerkung
WOD			
Leistung			

Datum: _____

Kraft	Gewicht	Zeit	Bemerkung
WOD			
Leistung			

Datum: _____

Kraft	Gewicht	Zeit	Bemerkung
WOD			
Leistung			

Datum: _____

Kraft	Gewicht	Zeit	Bemerkung
WOD			
Leistung			

Datum: _____

Kraft	Gewicht	Zeit	Bemerkung
WOD			
Leistung			

Datum: _____

Kraft	Gewicht	Zeit	Bemerkung
WOD			
Leistung			

Datum: _____

Kraft	Gewicht	Zeit	Bemerkung
WOD			
Leistung			

Datum: _____

Kraft	Gewicht	Zeit	Bemerkung
WOD			
Leistung			

Datum: _____

Kraft	Gewicht	Zeit	Bemerkung
WOD			
Leistung			

Datum: _____

Kraft	Gewicht	Zeit	Bemerkung
WOD			
Leistung			

Datum: _____

Kraft	Gewicht	Zeit	Bemerkung
WOD			
Leistung			

Datum: _____

Kraft	Gewicht	Zeit	Bemerkung
WOD			
Leistung			

Datum: _____

Kraft	Gewicht	Zeit	Bemerkung
WOD			
Leistung			

Datum: _____

Kraft	Gewicht	Zeit	Bemerkung
WOD			
Leistung			

Datum: _____

Kraft	Gewicht	Zeit	Bemerkung
WOD			
Leistung			

Maximalkraft einschätzen und ermitteln

1 Rep Max Prozentrechner

maximale Wiederholungen	% 1 RM	Dezimalangabe
1	100	1,00
2	95	0,95
3	93	0,93
4	90	0,90
5	87	0,87
6	85	0,85
7	83	0,83
8	80	0,80
9	77	0,77
10	75	0,75
11	73	0,73
12	70	0,70

Anwendung:

Nehme die maximale Anzahl an korrekten Wiederholungen mit einem bestimmten Gewicht und finde die entsprechende Prozentangabe.

Jetzt dividiere das Gewicht durch die entsprechende Dezimalangabe und Du erhältst Dein Maximalgewicht für eine Wiederholung.

BMI-Rechner

Deinen Body Mass Index errechnest Du mit der folgenden Formel:

$$BMI = \frac{Gewicht}{Größe^2}$$

Die Angabe des Gewichtes erfolgt in Kilogramm,
die Größe wird in Metern angegeben.

BMI Tabelle:

	BMI männlich	BMI weiblich
Untergewicht	unter 20	unter 19
Normalgewicht	20-25	19-24
Übergewicht	26-30	25-30
Adipositas	31-40	31-40
starke Adipositas	größer 40	größer 40

Body Mass Index nach Alter:

Alter	optimaler BMI
19-24	19-24
25-34	20-25
35-44	21-26
45-54	22-27
55-64	23-28
älter als 65	24-29

Körperfett-Anteil

Das Prinzip der Caliper Hautfalten-Messung ist simpel: Mit Deinen Fingern kneifst Du eine Hautfalte zusammen und misst dann mit einer Caliper-Zange deren Dicke.

Die Messung führst Du dazu an 1, 3, 5 oder 7 Stellen Deines Körpers durch, z.B. an Brust, Bauch und Oberschenkel. Je mehr Messpunkte Du nimmst, desto präziser ist die Messung.

Männer (in %)

Alter	gut	mittel	hoch
20 – 24	14,9	19,0	23,3
25 – 29	16,5	20,3	24,3
30 – 34	18,0	21,5	25,2
35 – 39	19,3	22,6	26,1
40 – 44	20,5	23,6	26,9
45 – 49	21,5	24,5	27,6
50 – 59	22,7	25,6	28,7
> 60	23,3	26,2	29,3

Frauen (in %)

Alter	gut	mittel	hoch
20 – 24	22,1	25,0	29,6
25 – 29	22,0	25,4	29,8
30 – 34	22,7	26,4	30,5
35 – 39	24,0	27,7	31,5
40 – 44	25,6	29,3	32,8
45 – 49	27,3	30,9	34,1
50 – 59	29,7	33,1	36,2
> 60	30,7	34,0	37,3

Deine persönlichen Ziele

Stärke	Ziel	PR
1 RM Deadlift		
1 RM Front Squat		
1 RM Back Squat		
1 RM Thruster		
1 RM Clean		
1 RM Clean & Jerk		
1 RM Push Press		
1 RM Snatch		
1 RM Overhead Squat		
1 RM Bench Press		

Deine persönlichen Ziele

Ausdauer	Ziel	PR
400 m Laufen		
1000 m Laufen		
500 m Rudern		
2000 m Rudern		
eigene Ziele:		
1.		
2.		
3.		
4.		

Deine persönlichen Ziele

Leistung	maximale Anzahl Wiederholungen
Pull Up	
Ring Dip	
Muscle Up	
Push Up	
Double Under	
Handstand Push Up	